Theodor Zahn

Sklaverei und Christentum in der alten Welt

Theodor Zahn

Sklaverei und Christentum in der alten Welt

ISBN/EAN: 9783743326194

Hergestellt in Europa, USA, Kanada, Australien, Japan

Cover: Foto ©Lupo / pixelio.de

Manufactured and distributed by brebook publishing software (www.brebook.com)

Theodor Zahn

Sklaverei und Christentum in der alten Welt

Sclaverei und Christenthum

in der alten Welt.

Von

Theodor Zahn,

o. Professor der Theologie in Erlangen.

---※---

Sclaverei und Christenthum
in der alten Welt.

Es ist gewagt, Ihre Aufmerksamkeit für einen unsrer Gegenwart in jeder Hinsicht so fernliegenden Gegenstand in Anspruch zu nehmen, wie das Verhältniß des Christenthums zu der Sclaverei, welche es bei seinem Eintritt in die Geschichte vorfand. Das Institut der Sclaverei gehört jedenfalls nicht zu denjenigen Schöpfungen des Alterthums, zu welchen die Nachwelt bis heute bewundernd, lernend und nachahmend hinaufsieht. Man könnte behaupten, die Griechen und Römer haben das, was sie auf den Gebieten der Kunst und der Wissenschaft, des politischen Lebens und der menschlichen Bildung geleistet haben, nicht leisten können, ohne jene großartige Entlastung des freien Mannes von aller niederdrückenden Arbeit, welche die Sclaverei möglich machte. So würde unser Interesse an der Sclaverei des Alterthums ein ähnliches sein wie das, womit wir die Werkzeuge und Maschinen einer überwundenen Kulturstufe betrachten. Nur müßte das Lächeln über die unvollkommenen Instrumente unserer Vorfahren einer peinlichen Empfindung weichen, sowie wir bedenken, daß es Menschen waren, welche so viele Jahrhunderte hindurch als willenlose Werkzeuge zu jedem Gebrauch und Mißbrauch anderer Menschen haben dienen müssen. Das Christenthum aber berührt sich heute nur noch selten mit der Sclaverei, welche heute noch besteht. Seitdem die Südstaaten der nordamerikanischen Republik im Kampf mit ihren nördlichen Bundesgenossen unterlegen sind, existirt Sclaverei in keinem Staat mehr, welcher mit uns auf den wesentlich gleichen Grundlagen der Kultur steht. Ein Buch wie das der Mrs. Beecher-Stowe, welches in meiner Jugend von Alt und Jung viel gelesen wurde, „Onkel Tom's Hütte", würde heute schwerlich noch ein ähnliches Interesse wie damals diesseits wie jenseits des Oceans erregen.

Vielleicht tritt den Damen der Gegenstand etwas näher, wenn ich bemerke, daß die Klagen über die Unzuverlässigkeit der Dienstboten vor achtzehn Jahrhunderten nicht weniger häufig waren als heute, und daß das Verhältniß der Herrschaften zu den Dienstboten jedenfalls darum kein besseres war, weil die Dienstboten ausnahmslos Sclaven, ererbtes oder erkauftes Eigenthum ihrer Herrschaft waren. Uns Männer berührt eine andere Parallele näher. Was die arbeitende Bevölkerung unsrer Tage ist, das war in den wesentlichsten Beziehungen das Sclaventhum des Alterthums. Die Sclavenfrage war die sociale Frage der alten Welt; und Nichts hat so sehr zur Zerrüttung der antiken Gesellschaft beigetragen, als die mangelhafte Lösung dieser Frage. Wenn die sociale Frage der Gegenwart für eine ernste gilt, und wenn die Stellung, welche dem Christenthum und seinen bewußten Vertretern dieser Frage gegenüber gebühre, sehr verschieden bestimmt wird, so kann es nicht ohne Lehre sein, sich zu vergegenwärtigen, wie sich das Christenthum in den Jahrhunderten seiner ersten Ausbreitung in der Welt zur Sclaverei gestellt hat.

Am Anfang unsrer Zeitrechnung hatte das Sclaventhum den Höhepunkt seiner Entwicklung erreicht. Die Kriege, durch welche Rom sich die Länder um's mittelländische Meer unterworfen hatte, hatten nicht nur große Massen von Kriegsgefangenen in die Hände der Sieger gebracht, welche dadurch großen Theils in lebenslängliche und erbliche Sclaverei geriethen; sie hatten auch den Sclavenhandel zu einem großartigen Geschäft gemacht. An einem einzigen Tage sollen auf dem großen Sclavenmarkt der Insel Delos 10,000 Sclaven verkauft worden sein. Zumal die östlichen Länder, wo einst die Nachfolger Alexanders des Großen als Könige geherrscht hatten, Kleinasien und Syrien blieben ergiebige Quellen dieses Handels. Den großen Kriegen, welche dort die Herrschaft der Römer begründet hatten, folgten kleinere, wodurch sie behauptet und erweitert werden mußte; und auch mitten im Frieden, sogar innerhalb der Provinzen und der verbündeten Länder wurde der Menschenfang nicht nur von Seeräubern, nein, auch von römischen Zollbeamten in großartigem Maßstabe betrieben. Den Hauptabsatz fand dieser Handelsartikel in Rom und Italien. Aber auch überall sonst, wo das Kapital sich ansammelte, sammelte sich zugleich ein zahlreiches Sclaventhum an. In Sclaven legten die Reichen oft einen großen Theil ihres Vermögens an, und ohne eine beträchtliche Zahl von Sclaven war es kaum möglich, ein größeres Kapital fruchtbar und flüssig zu machen. Die Zeit war längst vorüber, da der römische Patricier mit seinen Söhnen und wenigen leibeigenen Knechten sein Landgut selber bewirthschaftete, und die höchsten Beamten des Staats und des

Heeres gelegentlich vom Pfluge hergeholt wurden. Ein freier Bauernstand existirte kaum irgendwo noch. An seine Stelle war in Italien und in den Provinzen der Plantagenbesitzer getreten, welcher meist ferne von seinen Besitzungen lebte und die ausgedehnten Land- und Viehwirthschaften durch Heerden von Sclaven betreiben ließ. Ebenso überwog die Sclavenarbeit in allen Zweigen der Industrie. Nicht nur die Arbeiter in den großen Fabriken, welche viele Hunderte beschäftigten, waren in der Regel Sclaven der Fabrikbesitzer. Auch das Handwerk und der Kleinhandel lagen zum großen Theil in den Händen von Sclaven, welche das Geschäft auf Rechnung und Verantwortung ihrer Herren betrieben; und eine große Zahl von Berufsthätigkeiten, deren Träger wir heute nicht zu der arbeitenden Classe zu rechnen pflegen, wurde wenn nicht ausschließlich, so doch größten Theils von Sclaven besorgt. Der Buchhalter und der Ladengehilfe des Kaufmanns, der Gutsverwalter und der Rentmeister des Gutsbesitzers, der Vorleser und der Privatsecretär des vornehmen Herrn, der Hofmeister und der Hauslehrer seiner Söhne, auch der Arzt, der im großen Hause nicht fehlte, der Schauspieler und die Sängerin: sie alle wurden in der Regel nicht engagirt, sondern gekauft. Zahlreich waren selbstverständlich die Reichen nicht, welche sich Hunderte von Sclaven zu Zwecken der Bedienung und des Luxus und daneben mehrere Tausende zum Betriebe nutzbringender Geschäfte hielten. Aber diese Wenigen beherrschten die Welt und gaben der ganzen Gesellschaft das Gepräge, auch nachdem sie selbst gehorsame Diener eines allmächtigen Kaisers geworden waren. Nachdem die Reichen gelernt hatten, ihre Kapitalien durch Sclavenarbeit productiv zu machen, verdrängten sie die freie Arbeit immer mehr vom Markt, vom Acker, aus der Werkstatt. Gegenüber der vereinigten Concurrenz des großen Kapitals und der unfreien Arbeitskräfte, in welche sich jenes nach Belieben verwandeln konnte, vermochte wenigstens in den großen Mittelpunkten des Verkehrslebens und zumal in Rom ein gesunder Mittelstand sich nicht zu behaupten. Er wollte es auch nicht immer. Es entstand ein freigeborenes Proletariat, welches sich schämte, zu arbeiten und sich nicht schämte, von Staatsalmosen zu leben. Aber das Uebergewicht der Zahl war in den Großstädten auf Seiten der Sclaven. Man hat berechnet, daß in Rom außer der Aristokratie und der Garnison über 600,000 freie Leute, aber über 900,000 Sclaven lebten; und dabei sind die Freigelassenen, welche vielfach noch durch sehr enge Verpflichtungen an ihre ehemaligen Herren gebunden waren, zu den Freien gerechnet. Es soll einmal der Senatsbeschluß gefaßt worden sein, daß die Sclaven in Rom durch eine besondere Tracht von den Freigeborenen unterschieden werden sollten. Man stand von der Ausführung ab, weil man eine große Gefahr darin erkannte, daß die Sclaven anfangen könnten, ihre Herren zu zählen und sich ihres numerischen Uebergewichts bewußt zu werden. In der vorchristlichen Zeit waren Sclavenaufstände mehr als einmal in langwierige Kriege ausgeartet; und noch im Anfang der Kaiserzeit konnte ein unbedeutender, rasch unterdrückter Sclavenaufstand in Unteritalien die Hauptstadt in die größte Angst versetzen wegen der Menge der dortigen Sclaven, deren Zahl von Tag zu Tag anwuchs, während die Zahl der Freigebornen sichtlich abnahm. Es war in der That ein bedrohlicher Zustand, welcher die gewaltsamsten Maßregeln zu rechtfertigen schien. In dem Jahr, in welchem der Apostel Paulus als Gefangener nach Rom gebracht wurde, wurde der Stadtpräfect von Rom im eigenen Hause von einem seiner Sclaven ermordet. Als nun nach altem Brauch die sämmtlichen Sclaven des Ermordeten, welche im Augenblick der That unter demselben Dach mit ihrem Herrn geweilt hatten — es waren 400 — hingerichtet werden sollten, nahm der großstädtische Pöbel für die jedenfalls großen Theils Unschuldigen Partei und rottete sich zusammen. Der Senat schwankte. Einer der Senatoren sagte unter anderem: „Schon unsere Vorfahren hatten kein Zutrauen zum Charakter ihrer Sclaven, als diese noch mit ihnen auf demselben Landgut oder in demselben städtischen Hause geboren wurden und von der Kindheit an Liebe zu ihren Herren in sich aufnahmen. Seitdem wir aber mannigfaltige Nationen in unserer Dienerschaft haben, welche abweichende Gebräuche, fremde oder gar keine Religion haben, kann man dieses Gesindel nur noch durch Furcht im Zaum halten." Diese Ansicht siegte; aber erst, nachdem das Volk durch ein scharfes kaiserliches Edict bedroht und alle Straßen, durch welche der Zug zum Richtplatz ging, militärisch abgesperrt waren, konnte das Urtheil ausgeführt werden. In einem Fall wie dieser griff die Justiz von jeher ein; im übrigen war bis zum Ende der vorchristlichen Zeit Leib und Leben des Sclaven schlechthin in der Gewalt des Herrn. Wie er ihn zu jeder beliebigen Beschäftigung verwenden konnte, so konnte er ihn verkaufen, an wen er wollte, und wann er wollte. Der alte Cato lehrte, alte Ackerwagen, altes Eisen und alte Sclaven solle man losschlagen. Und wenn Niemand den altersschwachen oder unheilbar kranken Sclaven kaufen wollte, so konnte man ihn verstoßen, und es geschah das nicht selten. Tödten endlich konnte der Herr seinen Sclaven aus jedem beliebigen Anlaß und auf jede beliebige Weise, ohne von irgendwem darüber zur Rechenschaft gezogen werden zu können. Auch des mäßigen Rechtsschutzes, welchen einst Athen seinen Sclaven gewährt hatte, entbehrte der Sclave unter der Herrschaft des römischen Rechts. Nur das Besitzrecht des Herrn auf seinen Sclaven war auf's sorgfältigste durch das Gesetz geschützt. Wenn die Sprachen der Griechen und der Römer die Sclaven, gleichviel ob Mann oder Weib, ganz gewöhnlich mit Worten sächlichen Geschlechts bezeichneten, so entsprach das genau dem rechtlichen Verhältniß. Der Sclave war keine Person, sondern eine Sache, ein Inventarstück. Es wurde einigen Sclaven von ihren Herren gestattet, mit einer Sclavin in einer Art von Ehe zu leben, aber nach dem Recht war das keine Ehe. Der Besitzer konnte, um von Aergerem zu schweigen, jeder Zeit den Mann ohne die Frau, die Kinder ohne die Eltern verkaufen. Es war üblich, den Sclaven gewisse regelmäßige Lieferungen an Kleidung und Nahrung, auch etwas Geld zu verabfolgen, aber den geizigen und hartherzigen Herrn konnte kein Gesetz und keine Gewalt zwingen, seine Leute menschlich zu behandeln. Vielen Sclaven wurde es gestattet, ein sogenanntes Eigenthum mit einer gewissen Selbständigkeit zu verwalten. Aber rechtlich gehörte dies Eigenthum sammt seinem Eigenthümer dem Herrn. Der Sclave konnte in dieser Sache so wenig als in irgend einer anderen vor Gericht Klage führen. Er konnte auch nicht vor Gericht zeugen. Wenn man ein Verbrechen constatiren wollte, dessen Augenzeugen Sclaven gewesen waren, oder gewesen sein konnten, oder wenn man die Schuldlosigkeit eines Angeklagten durch Sclavenaussagen erweisen wollte, so konnte das nicht anders geschehn, als so, daß der Sclave durch die Folter zu Geständnissen gezwungen wurde. Wenn er dabei zum Krüppel wurde oder zu Grunde ging, so wurde seinem Herrn Schadenersatz geleistet. Als ein Unrecht gegen den Menschen, welcher ohne jeden Verdacht eigener Schuld, nur darum, weil er von einer Thatsache Kunde haben konnte, mißhandelt wurde, galt dies für die öffentliche Meinung ebensowenig als für die Gesetzgebung. Damit ist nicht gesagt, daß nicht viele Sclaven in einer sehr erträglichen Lage sich befanden, und daß nicht oftmals Bande des Vertrauens und der Anhänglichkeit Herrn und Diener verknüpften. Schon der Eigennutz veranlaßte die Herren in der Regel zu schonender Behandlung ihres werthvollen Besitzes. Die Furcht vor gefährlichen Ausbrüchen der Rache machte auch den hartherzigen Herren vorsichtig; und es fehlte nicht überall die natürliche Gutherzigkeit und auch nicht immer die bewußte Herzensbildung, welche diesen niedrigst stehenden, diesen wehrlosen Menschen gegenüber menschliche Empfindung bewahrte. Aber eine ernsthafte Bürgschaft dafür gewährte weder das Volksgewissen noch das Gesetz. Sie werden nicht wünschen, daß ich's versuche, durch Beispiele anschaulich zu machen, welches die wirkliche Lage der Sclaven war; denn ich müßte, wenn die Schilderung treu sein sollte, neben ein freundliches Bild drei solche stellen, welche jedes Gefühl empören. Ein Geschichtschreiber unserer Zeit urtheilt: „Es ist leicht möglich, daß die Summe aller Negerleiden ein Tropfen ist" im Vergleich mit der damaligen Lage der Sclaven auf den großen Gütern Italiens und der Provinzen. Es wird genügen, wenn ich daneben noch das Wort eines römischen Dichters der Kaiserzeit stelle, welcher die Grausamkeit der vornehmen Damen gegen ihre Sclaven geißelt. Wenn sie bei jeder Gelegenheit mit der Kreuzigung, der gewöhnlichen Todesstrafe für die Sclaven, bei der Hand sind, so läßt er sie durch den Eheherrn mahnen, erst genau zu untersuchen und dann erst zu richten; denn „niemals säumt man zu lang mit dem Tod eines Menschen." Aber die Dame antwortet entrüstet: „Bist du verrückt? Ist denn der Sclave ein Mensch?"

Ja, ob der Sclave eigentlich ein Mensch sei, das war eine schwierige Frage; und mancherlei verschiedene Meinungen über die Sclaverei, welche mit dieser Frage zusammenhingen, waren schon laut geworden. Schon vor Jahrhunderten hatte sich bei den ernster Nachdenkenden und tiefer Empfindenden unter den Griechen eine Unsicherheit des Urtheils über die Rechtmäßigkeit und die Heilsamkeit dieser gesellschaftlichen Einrichtung bemerklich gemacht. Plato hatte sich sehr bedenklich besonders über die Gefährlichkeit derselben ausgesprochen. Andere sochten die Voraussetzung der gewöhnlichen Anschauung an, indem sie leugneten, daß es Menschen gebe, die zu nichts Besserem als zur Sclaverei geboren seien, und daß die Sclaven durchweg ihres Looses werth seien. Ein athenischer Redner Alkidamas sagte: „Alle hat Gott frei gelassen, Keinen hat die Natur zum Sclaven gemacht". Die Dichter hatten in der Tragödie nicht selten einer frei und hoch geborenen Seele ihr Wort geliehen, welche auch in Gefangenschaft und Sclaverei ihren Adel bewahrte. Es hieß: „Der Leib ist Sclave, doch der Sinn ist frei". Die Komödie lehrte den Bürger von Athen in seinem Sclaven nicht nur einen Witz, eine Geistesgegenwart und Schlauheit, wodurch er seinen Herrn manchmal überragte, sondern auch echte Tugend erkennen, und predigte laut die natürliche Gleichheit aller Menschen:

> Ob Einer Sclav' ist, hat er doch das gleiche Fleisch;
> Denn von Natur ward keiner je als Sclav' geboren.
> Das blinde Schicksal nur hat seinen Leib geknechtet.

Von der Bühne herab bezeugte der Sclave selbst seinem Herrn, daß er seine Menschenwürde nicht vergessen und verloren habe. Ob die Sclavenbesitzer, welche das im Theater hörten, es sich sehr zu Herzen gehen ließen; ob sie die Rathschläge befolgten, welche ihnen dort gegeben wurden, durch menschenwürdige Behandlung das sittliche Gefühl im Sclaven zu wecken, oder ob sie durchweg zwischen poetischer Freiheit und der Prosa des Lebens streng und weislich unterschieden, mag dahin gestellt bleiben. Wenn die Philosophen lehrten, daß jeder tugendhafte Mensch frei und Jeder, welcher den Lüsten fröhnt, ein Sclave sei, so unterließen sie es gelegentlich nicht, ausdrücklich zu bemerken, daß das mit dem rechtlichen Unterschied der Sclaven und Herren im bürgerlichen Leben Nichts zu schaffen habe. Im Ganzen herrschte bei den spätern Griechen und so auch bei den Römern im Anfang der christlichen Zeit die Anschauung, daß der gebildete Mensch ohne Sclaven nicht existiren könne, und daß die rechtliche oder vielmehr rechtlose Stellung des Sclaven ganz in der Ordnung sei und der Natur entspreche. Das hatte Aristoteles bewiesen. Er kennt schon die Meinung, daß von Natur alle Menschen gleich seien, und daß das auf Gewalt gegründete Recht des Herrn auf seinen Sclaven eigentlich ein Unrecht sei; aber er bekämpft diese Meinung. Sclaven gehören nothwendig zu einem normalen Hauswesen. Wenn ein Dichter der älteren Zeit den Hausstand eines Mannes mit den Worten beschrieben hatte:

Erstlich ein Haus und ein Weib und ein Ochse, welcher den Pflug zieht,

so läßt Aristoteles das für den Armen gelten, welcher keinen anderen Diener hat als den Ochsen. Der freie Bürger eines richtigen Staatswesens darf mit aller körperlichen Arbeit, sei es des Landbaues oder des Handwerks, Nichts zu schaffen haben; denn bei solcher Beschäftigung kann die Tugend nicht gedeihen, deren der Bürger bedarf. Er muß also Andere haben, welche für ihn alle niedere Arbeit verrichten, und er könnte Sclaven nur dann entbehren, wenn es Geräthschaften gäbe, welche sich von selbst bewegen. Solche Automaten sind eben die Sclaven.

Die Natur hat aber auch für Menschen gesorgt, welche sich dazu eignen, solche lebendige Werkzeuge für andere Menschen zu sein und diesen anzugehören, wie das Glied dem Leibe und der Körper der Seele. Wer nämlich von Natur so angelegt ist, daß er einem Anderen in der bezeichneten Weise angehören kann, d. h. wer soviel Antheil an der Vernunft empfangen hat, daß er die Vernunft eines Anderen begreifen kann, selbst aber keine Vernunft hat, der ist ein geborener Sclave; und dem ist es geradezu heilsam, auch thatsächlich als Sclave einem Herrn anzugehören. Aber wer soll darüber entscheiden, ob Einer solch' eine Sclavennatur habe? Der Herr oder der Sclave? oder der Sclavenhändler? Die Sache wäre sehr einfach, wenn der Philosoph Zutrauen hätte zu der in diese Gedankenreihe eingeflochtenen Behauptung, wer die Naturanlage zur Sclaverei habe, der sei eben darum auch thatsächlich im Besitz eines Herrn; oder wenn er behaupten könnte, was er vielmehr verneinen muß, daß die Natur die Sclavenseele regelmäßig auch durch die äußere Gestalt kenntlich mache. Die Sclaven werden zum Theil als Sclaven geboren, und man sollte erwarten, daß die Natur diese einmal vorhandene und für das Gesammtleben so nothwendige Gattung der Sclaven ebenso wie alle anderen Gattungen auf dem gewöhnlichen Wege sich fortpflanzen lasse. Aber die Natur thut nicht immer ihre Schuldigkeit. Sie läßt manchmal Herrenkinder mit Sclavenseelen geboren werden, und wiederum Sclavenseelen mit edler Anlage. Andere gerathen durch Krieg und andere Gewalt in Sclaverei, und ein Krieg gegen solche, die zu Sclaven geboren sind und wollen sich doch nicht beherrschen lassen, ist ganz ebenso gerecht wie die Jagd. Das gilt von den Barbaren, welche von Natur dazu berufen sind, den wirklichen Menschen, den Hellenen zu dienen. Der Sieg ist auch in der Regel ein

Beweis dafür, daß die höhere sittliche Kraft bei dem Sieger ist. Der Triumphzug Alexanders, des großen Schülers unsers Philosophen, vom Hellespont bis zum Indus hatte so glänzend wie Nichts zuvor bewiesen, daß griechischer Geist und griechische Thatkraft über die verweichlichten und an den Despotismus gewöhnten Asiaten zu herrschen berufen sei. Aber keine Regel ohne Ausnahme; und wenn nun die Regel ebensoviele Ausnahmen erleidet, als sie Bestätigungen findet? wenn nun der Edle vom Edlen, oder wenn gar der Hellene vom Barbaren besiegt und zum Sclaven gemacht wird? Das ist freilich ein Uebelstand, ist wider die Natur und ist ungerecht. Aber Sclaven sind nothwendig, und es giebt Sclaven von Natur; also ist die Sclaverei eine wohlthätige Einrichtung der Natur[1]). Dieses Urtheil über die Sclaverei und die zu Grunde liegenden Anschauungen, die Verachtung der eigentlichen Arbeit, die Forderung der ungetheilten Hingabe des Bürgers an das politische Leben, und das stolze Gefühl der Ueberlegenheit des Hellenen über den Barbaren entsprachen dem griechischen Volksgeist, wie er nach einigen Seiten schon frühe in der Verfassung von Sparta sich gezeigt, dann aber, namentlich seit den Perserkriegen in der ganzen Nation nach allen Seiten hin sich kräftig entwickelt hatte. Ehedem hatte auch der Grieche anders empfunden. Homer ließ die Fürstentochter mit ihren Mägden die Wäsche im Flußwasser reinigen, und ließ den Fürsten von Ithaka sich rühmen, daß er seine Bettstelle mit eigener Hand angefertigt habe. Da war auch das Verhältniß der Herren zu den Sclaven ein patriarchalisches und die Beurtheilung der fremden Nationen eine unvergleichlich menschlichere. Aber eben jene spätere griechische Anschauung war es, welche zu den Römern überging, bei denen doch so manche Voraussetzung derselben fehlte. Sie war die vorherrschende am Ende der vorchristlichen Zeit, und eine Aenderung der rechtlichen Lage der Sclaven konnte sie nicht begünstigen. Aber es vollzieht sich eine solche in langsamem Fortschritt von den ersten Anfängen des römischen Kaiserthums an. In die erste Regierungszeit des Augustus fällt eine Anordnung, welche die Strafgewalt des Herrn über den Sclaven in einschneidender Weise beschränkte und zwischen den Herrn und seinen Sclaven den öffentlichen Richter stellte²). Es folgt im Verlauf des ersten und des zweiten Jahrhunderts eine Reihe von gesetzlichen Bestimmungen, welche dem Sclaven weiteren Schutz gewährten. Die großen Juristen berufen sich, wo sie die Verhältnisse der Sclaven berühren, auf das Naturrecht und zeigen in der Deutung der hierauf bezüglichen Gesetze Neigung, überall zu Gunsten der Freiheit und im Interesse der Humanität zu entscheiden. Schon früher zeigt sich in der philosophischen Literatur ein Umschwung der Ideen, welcher den Sclaven zu gute kommen mußte. In lateinischer Sprache wenigstens hatte man Worte noch nicht gelesen, wie sie Seneca, der Erzieher und Minister des Kaisers Nero schrieb: der edle Sinn könne ebensowohl, aber eben nur ebensowohl einem römischen Ritter, als einem Freigelassenen oder Sclaven zu Theil werden. „Denn was heißt Ritter oder Freigelassener oder Sclave? Namen sind das, aus Ehrgeiz und Unrecht entstanden". Oder wenn er gegen die Gladiatorenspiele eifert: „Eine heilige Sache ist der Mensch dem Menschen, und zum Spiel und Spaß wird er getödtet". Oder wenn er den Freund lobt, von dem er hört, daß er mit seinen Sclaven in freundlicher und vertraulicher Weise verkehre: „Sclaven sind sie: nein, Menschen sind sie. Sclaven sind sie: nein Hausgenossen. Sclaven sind sie: nein niedrig stehende Freunde, nein unsere Mitknechte, wenn man bedenkt, daß das

Schicksal über Beide gleich viel vermag. Darum lache ich die Menschen aus, die es für eine Schande halten, mit ihren Sclaven zu speisen. Warum das? Nur weil die übermüthige Sitte den Herrn an der Tafel mit einem Haufen stehender Sclaven umgeben hat." Er erinnert an die Zeiten, da das Verhältniß zwischen Sclaven und Herrn bei den Römern noch ein patriarchalisches war, da der Hausherr den Namen „Vater der Familie" d. h. der Dienerschaft noch mit Recht führte, da die Sclaven frei mit ihrer Herrschaft reden durften und dagegen in aufopfernder Treue für ihre Herren schwiegen, wenn die Folter ihnen ein Geständniß ablocken sollte, das ihren Herren gefährlich werden konnte. Er erinnert an das damals verbreitete Sprichwort: „Soviel Sclaven, soviel Feinde", und behauptet dagegen: „Wir haben sie nicht zu Feinden, wir machen sie dazu". Freilich nicht jeden Sclaven wird man an seinen Tisch ziehen, ebensowenig wie jeden Freien. Aber nicht die höhere oder niedere Beschäftigung des Sclaven, sondern die moralische Rücksicht soll entscheiden. Die Einen soll man an seine Tafel ziehen, weil sie es werth sind, die Andern, damit sie es werden. Weiter heißt es: „Laß dich vielmehr verehren als fürchten". Wenn Einem das nicht genügt, wenn Einer meint, das heiße die Sclaven zur Freiheit rufen und die Herren von ihrer Höhe stürzen, so möge er bedenken, daß für menschliche Herren doch wohl genug sein wird, woran Gott sich genügen läßt, verehrt und geliebt zu werden. „Die Liebe aber verträgt sich nicht mit der Furcht". Man meint einen christlichen Prediger zu hören, welcher den Standeshochmuth unserer gebildeten Kreise geißelt und christliche Herrschaften an ihre Pflichten gegen die Dienstboten mahnt. Und man meinte wirklich, daß Seneca ein Freund des Apostels Paulus gewesen und von ihm in die christliche

Wahrheit eingeweiht worden sei. Jener römische Statthalter Gallio, vor dessen Richterstuhl in Korinth Paulus eine kühle Gerechtigkeit fand, war ein Bruder des Seneca; und unter demselben Kaiser, welcher seinen ehemaligen Lehrer Seneca zwang, sich den Tod zu geben, ist Paulus in Rom enthauptet worden. Man erdichtete schon in alter Zeit einen Briefwechsel zwischen Paulus und Seneca; und bis heute ist die Neigung nicht ausgestorben, die humanen Bestrebungen, welche die heidnische Literatur und Gesetzgebung der ersten christlichen Jahrhunderte zeigen, zum Theil auf einen verborgenen christlichen Einfluß zurückzuführen [3]). Das allerdings ist eine noch nicht mit umfassender Gründlichkeit beantwortete Frage, wie weit in jener Zeit unter den Heiden Kenntniß vom Christenthum verbreitet war, und wie früh und tief christliche Ideen in die heidnische Welt eingedrungen sind, während diese der Kirche äußerlich noch feindlich gegenüber stand. Aber in Bezug auf die Sclavenfrage läßt sich der Beweis dafür äußerlich führen, daß unabhängig vom Christenthum ein Umschwung der Anschauungen sich vollzogen, oder vielmehr eine längst vorhandene Denkweise in die maßgebenden Kreise eingedrungen ist. Der entscheidende Anfang der Besserung der römischen Gesetzgebung in Bezug auf die Sclaven liegt vor der Zeit, da Jesus den Armen das Evangelium und den Gefangenen eine Erlösung predigte. Und etwa zwanzig Jahre älter als Seneca und Jesus und Paulus ist der alexandrinische Jude Philo, welcher zwar mit weniger rednerischer Energie, aber mit glaubwürdigerem Ernste und tieferer Begründung wesentlich dieselben Wahrheiten gepredigt hat, wie Seneca. Es giebt keine natürliche Sclaverei; jeder Rechtschaffene oder Gebildete oder von Gott Geliebte ist frei, auch wenn er äußerlich ein Sclave ist; und die äußere Arbeit schändet Keinen.

Wenn der Jude milde Behandlung des Sclaven fordert, so hat er den Vortheil, sich auf das unsterbliche Gesetz seiner Väter berufen zu können, mit dessen Humanität gerade auch in diesem Punkte keine antike Gesetzgebung sich vergleichen ließ; und er konnte sich überdies auf eine wenigstens nach Tausenden zählende jüdische Genossenschaft berufen, auf den Orden der Essener, welche keine Sclaven unter sich duldeten, sondern alle in Arbeit und Freiheit einander dienten.

Das haben diese Juden nicht durch's Evangelium gelernt. Aber vielleicht die Christen dies und noch anderes von ihnen? Nun, Jesus und seine Apostel sind Juden gewesen, und kein Stück aus dem Erbe der Väter haben sie preisgegeben, welches werth und geeignet war, ein Gemeingut der Menschheit zu werden; und schon dadurch, daß sie echte Israeliten waren, war für sie und für Alle, welche sich unter ihre Verkündigung stellten, von vornherein mehr als eine Wurzel ausgerissen, aus welcher die eigenthümlich heidnische Anschauung von der Sclaverei immer wieder Lebenskraft in sich sog, auch wenn sie durch manches schöne Wort der Dichter und Philosophen tödtlich getroffen zu sein schien. Vor allem jene Verachtung der Arbeit, welche den Körper anstrengt und die freie Bewegung des Gedankens hemmt, und der damit innig verbundene falsch aristokratische Geist der griechisch-römischen Bildungswelt konnte bei dem Juden nicht Platz greifen, der an seine Bibel glaubte und in wohlbegründetem Nationalstolz den Spott der Heiden zu ertragen wußte. Nicht einem einzelnen Menschen, sondern dem Stammvater des Geschlechts und damit Allen, welche auf den Menschennamen Anspruch erheben, war das gesagt: Im Schweiß deines Angesichts sollst du dein Brod essen. Der Schweiß freilich, den es ihm kostet, die ermüdende Anstrengung, mit welcher er der Erde statt der Dornen und Disteln, die sie von selber trägt, das nährende Korn und den herzerfreuenden Wein abgewinnt, ist ein Fluch, welcher der Sünde auf dem Fuße gefolgt ist. Aber das Gebot, den Garten zu bauen und die Erde sich unterthänig zu machen, ist älter als die Sünde; die Arbeit selbst ist ein Segen, und sie ist das Mittel, wodurch der Mensch die Herrschaft über die Natur, zu der er berufen ist, immer wieder sich erwirbt und erweitert. Nicht die Raubthiere, welche sich in ihre Löcher verkriechen, wenn die Sonne aufgeht, sondern der Mensch, welcher dann an sein Werk und an seine Arbeit geht bis an den Abend, ist der Herr der Erde. Also auch nicht dem philosophischen Denker oder dem Freigeborenen, auch nicht dem Juden oder dem Griechen, sondern dem Menschen, dem schwachen Menschensohn, der bei seiner Geburt hilfloser ist als die jungen Thiere, hat Gott die Herrschaft über alle Creatur verliehen, aber nicht als ein Geschenk, das ihm in die Wiege gelegt ist, sondern als einen Beruf, den er zu erfüllen, als eine Aufgabe, die er zu lösen hat. Das geschieht durch die Arbeit, und jede darauf gerichtete und in Gottesfurcht betriebene Arbeit ist eine „ehrliche", eine ehrenhafte Arbeit. Das wußte jedes jüdische Kind. Es sollte auch an sich gar kein Schimpf sein, wenn Jesus von seinen Landsleuten des Zimmermanns Sohn und selbst ein Zimmermann genannt wurde. Paulus, welcher als römischer Bürger geboren war und eine gelehrte rabbinische Bildung empfangen hatte, hatte daneben nach Sitte jüdischer Gelehrter ein Handwerk erlernt. Bekanntlich hat er auch regelmäßig neben seiner anstrengenden Missionswirksamkeit in seinem Handwerk gearbeitet, um sich die volle Unabhängigkeit seiner geistlichen Thätigkeit zu wahren. Wenn er in Korinth und in Ephesus im Hause und im Geschäft des Zelttuchfabrikanten Aquila arbeitete, so ist er sicherlich ein Mitarbeiter von Sclaven gewesen. Der große Heidenapostel war nebenbei ein Fabrikarbeiter, und er glaubte seine Freiheit dadurch zu beweisen und darin zu bewähren, daß er wie ein Sclave neben Sclaven arbeitete. Darum konnte er denn auch mit gerechtem Stolze auf seine Hände hinweisen, welche ihm und seiner Begleitung Jahre lang das Brod verdient hatten. Darum konnte er auch, sicher vor dem Schein, als ob er nur Anderen predige, und so unbedingt, wie er's thut, den Gemeinden die Regel predigen: „So Jemand nicht will arbeiten, der soll auch nicht essen." Diese Regel und jenes Beispiel bedeuten radicale Beseitigung eines der Grundirrthümer, welche dem Sclaventhum seine ungeheuerliche Entwicklung, und dem Verhältniß der genießenden Herren und der arbeitenden Sclaven seinen gehässigen Anstrich gegeben hatten[4]). Das ist aber noch nicht Evangelium, sondern eine Moral, welche der Heide auch von dem nichtchristlichen Juden hätte lernen können.

Aber was sagt das Evangelium selbst zur Sclaverei? Vor Allem muß feststehen: das Evangelium ist nicht ein Programm der Weltverbesserung, sondern Verkündigung einer Welterlösung. Diese Verkündigung setzt voraus, daß die Würde, welche dem Menschen als dem Abbild Gottes von der Schöpfung her zukommt, ebensosehr auf alle Menschen sich erstrecke, als die Entartung der menschlichen Natur, welche den Menschen zu einem geborenen Knecht der Sünde macht, und daß im Vergleich mit jener gemeinsamen Würde und diesem gemeinsamen Unglück alle Unterschiede unter den Menschen von untergeordneter Bedeutung sind, mögen sie nun in der Schöpfung begründet oder Folge der sündigen Entartung oder der geschichtlichen Entwicklung sein. Auf Grund davon verkündigt das Evangelium, daß in Jesus, dem Sohne Gottes und dem Sohn des Menschen, die ursprüngliche Idee des Menschen und damit auch das normale Verhältniß des Menschen zu Gott wiederhergestellt sei, und daß der Mensch durch den gläubigen Anschluß an diese Person wieder in das richtige Verhältniß zu Gott eintrete und die Bürgschaft empfange, daß er das Ziel seiner Bestimmung erreiche, ein Kind Gottes in Zeit und Ewigkeit, nach Seele und Leib zu werden. Für diese Verkündigung, welche sich an Alles wendet, was Mensch heißt, existirt allerdings, wie Paulus sagt, nicht Jude noch Grieche, nicht Knecht noch Freier, nicht Mann noch Weib. Aber es leuchtet auch unmittelbar ein, wie irrig es ist, wenn man in diesen herrlichen Worten die Aufhebung der Sclaverei principiell ausgesprochen findet. Ebensogut könnte man sagen, daß das Evangelium die Nationalitäten vernichte, oder gar den Unterschied von Mann und Weib und damit die Ehe aufhebe. In der That ist doch nur gesagt, daß keiner jener Unterschiede, welche das Evangelium vorfindet, vom Beruf zum höchsten Ziel ausschließe, und daß das, was jeder Mensch durch Christus und das Evangelium werden soll, von unvergleichlich größerem Werthe sei, als alles Besondere, was Einer in seiner Eigenschaft als Glied seiner Nation, als Genosse seines Standes, als Mann oder Weib leisten oder besitzen möge. Darin liegt freilich auch die Forderung, daß nicht einer dieser Unterschiede, sondern das Bewußtsein der gleichen Erlösungsbedürftigkeit und der gleichen erfahrenen Gnade das eigentlich Maßgebende für das Verhalten der Menschen gegen einander sein soll, also die Forderung einer alle jene Gegensätze überwindenden Liebe des Christen zum Christen und zu Jedem, der es werden kann. Es liegt ferner im Evangelium auch die Forderung oder vielmehr die Verheißung einer neuen Organisation der Menschheit, in welcher Alles, was durch die

Sünde verschoben ist, wieder zurechtgerückt wird, und Alle zwar nicht gleich, aber ihrer wirklichen Anlage entsprechend gestellt sind. Diese neue Organisation der Menschheit heißt das Reich Gottes. Aber wer daran glaubt, daß es mit Jesus erschienen ist, der weiß auch, daß dieses Reich Gottes in dem Weltlauf, den wir kennen, nicht zu allseitiger Darstellung gelangen kann; denn in diesem Weltlauf stirbt die Sünde nicht aus, und die Sünde macht alle Unterschiede zu feindlichen Gegensätzen, alle Ordnung zum Zwang und das ganze Leben zu einem lieblosen Kampf um's Dasein. Das Reich Gottes nach seinem vollen Begriff bleibt eine Sache der Hoffnung, die sich über diesen Weltlauf erhebt; und indem das Evangelium ein zukünftiges Gottesreich predigt und eine neue Welt verheißt, in welcher Gerechtigkeit wohnt, predigt es auch Geduld mit den Verhältnissen „dieser argen gegenwärtigen Welt" und zwar große, bis an's Ende des Lebens und bis an's Ende dieses Weltlaufs ausharrende Geduld. Aber über dieser Wahrheit, welche die moderne Christenheit leichter mißachtet, als die alte, ist die andere nicht zu übersehen, daß das Reich Gottes auch schon eine gegenwärtige, im Innern der Christen begründete und die Einzelnen umfassende Lebensordnung ist. Als das gegenwärtige ist Gottes Reich auch nicht bloß ein unsichtbarer Verein von Seelen, welche sich aus dieser Welt heraussehnen, sondern ein Verein von lebendigen Menschen, dem sein Stifter eine sehr große Aufgabe in dieser Welt zugewiesen hat. In dem Maß, als die Christen in diesem gegenwärtigen Reiche Gottes leben, tragen sie auch die Güter und Gesetze desselben als Norm ihres Verhaltens in sich. Daher können sie es auch nicht lassen, soweit die Gemeinsamkeit ihrer Ueberzeugungen reicht, d. h. innerhalb der Gemeinde und innerhalb der in die Gemeinde aufgenommenen Familie durch

bewußtes und zusammenhängendes Handeln Vorspiele der zu=
künftigen Weltordnung herzustellen und Sitten einzuführen
und Ordnungen aufzurichten, welche dem eigenthümlich christ=
lichen Verhalten innerhalb dieser Gemeinschaften Stetigkeit
und Dauer versprechen. Dadurch mußte auch die Sclaverei,
welche das Christenthum als ein regelmäßiges Element der
Familie vorfand, eine Umwandlung erfahren. So verkehrt
die Vorstellung ist, daß die Kirche von Anbeginn die Auf=
hebung der Sclaverei schweigend im Herzen getragen oder
gar offen auf ihre Fahne geschrieben habe, so wenig entspricht
es der Wahrheit und der geschichtlichen Gerechtigkeit, wenn
man es so darstellt, als ob sich das Christenthum von Haus
aus gegen das Institut der Sclaverei gleichgültig verhalten
habe, oder wenn man leugnet, daß das Christenthum mehr
als irgend eine andere geistige Macht zur Beseitigung der
Mißstände der Sclaverei beigetragen und Wahrheiten gepredigt
habe, welche über kurz oder lang zur Beseitigung der Sclaverei
selbst führen mußten, wenn man ihnen treu blieb.

Viel Anlaß, mit der Sclavenfrage sich zu beschäftigen,
hatten die Verkündiger des Christenthums von Anfang an;
denn aus dem Sclavenstand gewannen die Gemeinden einen
großen Theil ihrer Glieder. Die heidnischen Gegner spotteten,
daß das Christenthum fast nur unter Sclaven und ungebil=
deten Handwerkern, unter alten Weibern und urtheilslosen
Kindern Anhänger finde. Daran war beinah ebensoviel Wahr=
heit als boshafte Uebertreibung. Das Evangelium, welches
Anfangs vorwiegend in den großen Städten festen Fuß faßte,
fand eben dort jenes massenhafte Sclaventhum vor, und wenn
ihm äußerlich der Zugang zu den Sclaven vielfach weniger
offen stand als zu der freien Bevölkerung, so dürfen wir uns
die Sclaven in den Häusern ihrer Herren, in den Fabriken

und Werkstätten doch auch nicht wie im Gefängniß lebend vorstellen. Sie nahmen in mannigfaltigster Weise am öffentlichen Verkehr Theil. War aber erst ein Sclavenbesitzer für den christlichen Glauben gewonnen, ward das Haus eines Solchen etwa das Quartier eines Missionars oder der regelmäßige Versammlungsort einer christlichen Vereinigung, so bildeten vor Allem die Sclaven dieses Hauses das Auditorium des Evangeliums. Und wie sollte es nicht gerade bei ihnen Anklang gefunden haben, wenn es den Mühseligen und Beladenen Ruhe der Seele und ein leichtes Joch verhieß, wenn es den Sclaven wie den Herren den gleichen angebornen Werth vor Gott, und Allen Glaubenden die gleiche Würde der Gotteskindschaft zusprach? Das waren nicht paradoxe Sätze, welche der philosophische Schriftsteller vor dem philosophischen Publikum entwickelte, sondern das waren Wahrheiten, welche Sclaven und Herren, die auf einer Bank saßen, gepredigt wurden. Und mehr noch, der Sclave, welcher Christ wurde, trat damit in eine Gemeinschaft des Gottesdienstes und des Lebens ein, in welcher sich Alle Brüder nannten, und nach gemeinsamem Gebete Keiner dem Andern den Bruderkuß versagte, und bei der Feier des Abendmahls ein Brod unter Alle vertheilt und derselbe Kelch Allen gereicht wurde. Das war eine Revolution nicht der Gedanken, sondern des Lebens. Es war eine Umwandlung der Gesellschaft auf demjenigen Lebensgebiete, auf welchem die alten Christen nicht nur Befriedigung ihres religiösen Bedürfnisses, sondern auch Antrieb und Regel, Form und Inhalt für ihr sociales Leben in Familie und Gemeinde empfingen. Dadurch allein schon unterschied sich das, was das Evangelium den Herren und den Sclaven predigte, wesentlich von alle dem, was heidnische Philosophen, besonders der stoischen Schule ähnliches gesagt hatten. Diese hatten immer nur Einfluß auf Einzelne, welche ihre Vorträge hörten, und ihre Schriften lasen, dann aber zusehen mochten, wie sie in einer Gesellschaft, welche ihre Grundsätze nicht theilte, dieselben aufrecht erhalten sollten. Die einflußreiche Stellung mancher Schüler dieser Philosophie in hohen Staatsämtern bis zum Kaiserthron hinauf und in den Kreisen der maßgebenden Rechtsgelehrten, verbürgte wenig wirklichen Einfluß ihrer Grundsätze auf das Leben. Die Milderung der Gesetzgebung in Bezug auf die Sclaven während der ersten Jahrhunderte des Kaiserreiches macht durchaus nicht Epoche in der Geschichte der Sclaverei[5]). Eine Erneuerung der Gesellschaft war nicht möglich, wenn man nicht den Drang fühlte und den Muth hatte, seine besseren Erkenntnisse auch den Niedrigen und durch die socialen Verhältnisse über Gebühr Benachtheiligten zu predigen. Es ist vorgekommen, daß ein stoischer Philosoph zu Rom, Musonius Rufus, den Sclaven eines kaiserlichen Freigelassenen, den lahmen Epiktet, an seinem Unterricht Theil nehmen ließ; und die Reden dieses Epiktet, welcher dann selbst ein Lehrer der Philosophie wurde, sollen auch von Leuten niederen Standes gelesen worden sein[6]). Aber ihm wie den Anderen fehlte der Glaube, daß ihre Ideen von einem unsichtbaren Staat mit besseren Gesetzen als den römischen jemals zur vollen Wirklichkeit gelangen werden; und im Diesseits, über welches hinaus sie nichts Bestimmtes und Gleichmäßiges zu lehren wagten, fehlte ihnen die Gemeinde, die organisirte Genossenschaft der Gleichgesinnten, welche den Einzelnen trägt und sammt seinem häuslichen Leben unter ihr Gebot und unter ihre Zucht stellt.

Dem Philemon, einem wohlhabenden Christen und Freund des Apostels Paulus in der kleinasiatischen Stadt Kolossä war sein Sclave Onesimus, der noch Heide war, entlaufen. Ob dieser seinem Herrn durch Ungeschick oder Gewissenlosigkeit einen Schaden zugefügt und aus Furcht vor Strafe das Weite gesucht hatte, ob er sich bei seiner Flucht mit dem nöthigen Reisegeld aus der Kasse seines Herrn versehen oder außerdem noch ihn bestohlen hatte, läßt sich nicht mit Sicherheit sagen. Aber schon dadurch, daß er entlief, beraubte er seinen Herrn und beging ein Verbrechen, das durch harte Strafe geahndet zu werden pflegte. Onesimus war auf seiner Flucht nach Rom gekommen, sei es daß er in der Großstadt, wo viel Gesindel aus aller Welt zusammenströmte, sich am sichersten glaubte, sei es daß ein Zutrauen zu den christlichen Lehrern, deren Namen wenigstens er oft im Hause seines Herrn gehört haben mußte, in deren Nähe führte. In Rom kam er mit Paulus in Berührung, und diesem gelang es, aus dem entlaufenen heidnischen Sclaven einen Christen zu machen, welcher die Pflicht anerkannte, sein Unrecht wieder gut zu machen und zu seinem Herrn zurückzukehren. Er sollte nicht zurückkehren ohne den Schutz eines apostolischen Geleitschreibens. Paulus richtete dasselbe nicht nur an Philemon, dessen Frau und Sohn, sondern zugleich an die in seinem Hause sich versammelnde Gemeinde. In diese soll der christliche Sclave eingeführt werden. Paulus' verbirgt nicht, daß er den Onesimus gerne bei sich behalten hätte, weil er ihn lieb gewonnen und trefflich als Diener hätte gebrauchen können. Aber er respectirt das Besitzrecht des Herrn, ohne dessen Willen er nichts hat entscheiden wollen. Er schickt ihn zurück als seinen Sohn, dem er ein neues geistliches Leben geschenkt hat, ja als sein eigenes Herz. Aber was er von Philemon als das Gute und Geziemende fordert, worum er ihn mit beweglichen Worten bittet, obwohl er meint, daß er es ihm auch befehlen könnte, ist nichts Anderes, als daß Philemon den entlaufenen Sclaven als einen Solchen aufnehme, welcher mehr als ein Sclave, nämlich ein christlicher

Bruder geworden ist, und daß er ihm mit derselben Liebe begegne, womit er den Apostel aufnehmen würde, anstatt ihn für sein bereuetes Unrecht zu strafen. Das rechtliche Verhältniß des Sclaven zum Herrn ist nicht gelöst, sondern überboten und verklärt durch das Verhältniß des Christen zum Christen. Die Liebe, welche für dies neue Verhältniß maßgebend ist, verbietet dem Herrn, die rechtliche Consequenz des fortbestehenden alten Verhältnisses zu ziehen. Wenn Paulus am Schluß des Briefs sagt: „Ich weiß, du wirst mehr thun, als ich sage", so hat man nicht ohne Grund vermuthet, daß Paulus dem Philemon die Freilassung seines Sclaven empfehle. Es könnte auch gemeint sein, daß er ihn dem Apostel wieder zuschicke, womit dann gleichfalls ein Verzicht auf das Besitzrecht gegeben war. Aber Paulus bittet nicht darum, und noch weniger hat er es als Erfüllung einer Christenpflicht von Onesimus gefordert. Damals wie nachmals haben Christen zu Christen nicht selten im Verhältniß des Sclaven zum Herrn gestanden, und die Kirche hat das nicht gerügt.

Wenn die Apostel die christlichen Herrn daran erinnern, daß sie auch einen Herrn im Himmel und einen Richter zu erwarten haben, welcher auf Standesunterschiede keine Rücksicht nimmt; wenn sie von ihnen fordern, daß sie Recht und Billigkeit gegen ihre Sclaven üben, und nicht durch Drohungen und Schreckmittel sie im Gehorsam halten, so erinnern sie auch die Sclaven daran, daß sie einem himmlischen Herrn dienen, bei welchem kein Ansehn der Person stattfindet. Sie sollen sich nicht einbilden, daß sie wegen ihrer abhängigen und gedrückten Lage keine sittliche Verantwortung zu tragen haben. Auf's eindringlichste werden sie ermahnt zu Treue und Gehorsam, zur Erfüllung ihrer dienstlichen Aufgaben als zu einer Pflicht, welche aus willigem Herzen und mit wohlmeinender

Gesinnung gegen die Herrn erfüllt sein will, zu geduldigem Ertragen des Unrechts, welches ihnen in ihrer Stellung widerfahren mag, und nicht am wenigsten zu demüthigem Respect gegen ihre Herren. An der Betonung dieser letzten Pflicht sieht man, wie den Sclaven in der christlichen Gemeinde die Ideen von der Gleichheit vor Gott und der christlichen Brüderschaft zu Kopf stiegen. Sie zeigten Neigung, sie auf die gesellschaftlichen Verhältnisse in einer Weise zu übertragen, daß der Hausherr nicht mehr Herr im Hause war; sie erlaubten sich im Verkehr mit dem christlichen Bruder, dem sie als Sclaven angehörten, eine Cordialität, welche Paulus als eine Unziemlichkeit rügte[7]). Anders äußerten sich diese Ideen, wenn der Christ einen heidnischen Herrn hatte. Das Gefühl seiner sittlichen und religiösen Ueberlegenheit über seinen Gebieter konnte ihn zu herausforderndem Trotz verleiten. Es war Gefahr vorhanden, daß das Christenthum als eine revolutionäre Lehre verdächtigt wurde, welche die gesellschaftliche Ordnung ebenso wie die staatliche untergrabe. Wenn schon die stoischen Philosophen als unruhige Köpfe verdächtig waren, wie viel mehr waren die Christen dem ausgesetzt, welche die sociale Macht ihrer Grundsätze in einer das ganze Reich umspannenden Organisation bewiesen! Daher forderten die Apostel und die Kirchenlehrer der Folgezeit von den christlichen Sclaven heidnischer Herren ganz besondere Treue des Dienstes, und zwar nicht bloß um der Sicherheit der Kirche, sondern auch um der Wahrheit willen; denn das Christenthum lehrt in der That nicht, daß ein Christ nicht Sclave sein könne und dürfe. Bedenkt man, in wie peinlicher und auch sittlich gefährlicher Lage christliche Sclaven oft in einem heidnischen Hause sich befanden, so begreift man leicht, wie in den Kreisen der christlichen Sclaven die Meinung auftauchte, sie hätten ein Recht, von ihren Mitchristen zu fordern, daß sie auf Gemeindekosten freigekauft würden. Das war nichts Anderes, als wenn in der Reformationszeit die Bauern auf Grund der Bibel Aufhebung der Leibeigenschaft, freien Fischfang und freie Jagd verlangten. Wie Luther dies als ein Mißverständniß der evangelischen Freiheit verwarf, so trat am Anfang des zweiten Jahrhunderts Ignatius von Antiochien jenem Begehren der Sclaven entschieden entgegen [8]). Ein Recht der Sclaven, ihre Emancipation zu fordern, als ob Sclaverei und Christenthum schlechthin unverträglich seien, hat die alte Kirche nicht anerkannt. Sie sollen Gott dienen in der Lage, in welche sie vielleicht menschliche Gewalt oder ein unbilliges Gesetz, aber immer doch Gottes Wille gebracht hat, und sollen sich an der sittlichen Freiheit genügen lassen, welche schon diesseits keine Gewalt ihnen rauben kann, und welche in einer anderen Welt auch ihre vollkommene äußere Darstellung finden wird.

Damit ist aber noch nicht gesagt, wie das Christenthum sich zum Institut der Sclaverei stellte. Petrus stellt das Verhältniß der Sclaven zu den Herren neben das der Unterthanen zu Kaiser und Obrigkeit, Paulus neben das der Kinder zu den Eltern. Folgt daraus etwa, daß die Sclaverei eine ebenso berechtigte Form des Gesellschaftslebens ist, wie die Familie und der Staat? Keineswegs. Familie und Ehe sind nach christlicher Anschauung in der Schöpfung begründet, und sie knüpfen heilige Bande, welche nur der Tod, nie der Wille des Menschen lösen darf. Staat und Obrigkeit sind zwar erst das Ergebniß einer geschichtlichen Entwicklung, welche die Sünde schon zur Voraussetzung hat; sie sind aber dennoch Stiftungen Gottes zum Zweck der Aufrechthaltung des Rechts unter den Menschen. Solange es Uebelthäter giebt, welche das Recht verletzen, sind diese Stiftungen von

Allen, welche ein geruhiges Leben führen wollen, als eine Wohlthat zu betrachten, durch Gehorsam zu ehren, durch Wohlverhalten und Gebet zu stützen. Die Sclaverei dagegen ist nur ein gesellschaftlicher Zustand, eine weit verbreitete Einrichtung, welche das Christenthum vorfand. Sie ist eine ungleiche Vertheilung irdischer Lebensgüter, welche die Kirche ebensowenig in der Lage war abzuschaffen, wie den Gegensatz von Reich und Arm. Aber so wenig, wie der Reichthum aufhört ein „ungerechter Mammon" zu sein, weil Christen ihn richtig verwenden können, und so wenig die Armuth aufhört, ein Uebelstand zu sein, weil Arme im Glauben reich und selig sein können, so wenig ist mit der Anerkennung der Sclaverei als einer möglichen Form christlichen Lebens gesagt, daß dieselbe innerlich berechtigt sei. Kein Apostel und kein Lehrer der alten Kirche hat den Sclaven oder den Herren die Zweckmäßigkeit oder gar Nothwendigkeit dieser Einrichtung dargelegt; und noch weniger ist es ihnen in den Sinn gekommen, sie als eine Stiftung Gottes heilig zu sprechen. Und doch wäre dies das wirksamste Mittel gewesen, Sclaven und Herren zur Heiligung dieses Verhältnisses aufzufordern, wenn die Wahrheit es gestattet hätte, dies Mittel zu gebrauchen. Ein verpflichtendes Band ist die Sclaverei nur insofern, als das Besitzrecht des Herrn ein vom Staat anerkanntes und geschütztes ist; und es ist nicht, wie man behauptet hat, die Gleichgiltigkeit gegen das politische Leben, sondern der Respect vor dem Staat und seinem Recht, was die alte Kirche in der Sclavenfrage so conservativ gemacht hat. Ueber den Ursprung der Sclaverei giebt das neue Testament keine Belehrung und kein Urtheil. Sie war unnöthig; denn im Einzelnen lehrte die tägliche Erfahrung deutlich genug, durch wie gewaltsame und offenbar unsittliche Mittel das Sclaven=

thum hauptsächlich sich fortpflanzte. Wer aber seine Reflexion auf den Ursprung der Sclaverei überhaupt richtete, fand in seiner Bibel von jeher die Antwort, daß sie eine Straffolge der Sünde, also jedenfalls ein Uebel sei[9]). Auch dem Apostel Paulus gilt der Sclavenstand als ein Joch (1. Tim. 6, 1), das man eben tragen muß, so gut es geht. Sehr lehrreich ist seine Zusammenstellung der Sclaverei mit der gemischten Ehe, in welcher Christ oder Christin mit einem heidnischen Gatten verbunden ist. Eingehen soll der Christ eine solche Ehe nicht[10]). Aber wenn die Ehe schon vor der Bekehrung des einen Theils bestand, so soll der christliche Theil nicht meinen, es vertrage sich nicht mit seinem Christenstand, daß er in solcher Ehe bleibe. Will aber der heidnische Theil das Verhältniß lösen, so soll der Christ auch keine Anstrengungen machen, ihn festzuhalten. Er soll nicht in der zweifelhaften Hoffnung, den heidnischen Theil zu bekehren, sich die schwierige Aufgabe aufladen in einer gemischten Ehe zu leben, sondern soll guten Gewissens der Fügung Gottes folgen, die ihn davon befreit hat. Dieselben Regeln gelten für den Sclavenstand. Der christliche Sclave soll nicht meinen, er müsse von seinem Joch befreit sein, um als ein Christ leben zu können. Er soll sich nicht in diesem Sinne darum bemühen, frei zu kommen. Wenn sich ihm aber die rechtliche Möglichkeit bietet, frei zu kommen, so soll er auch wieder nicht denken, er habe die Pflicht Sclave zu bleiben, sondern soll getrost in den Stand der Freiheit treten[11]). Der ungeduldig nach äußerer Freiheit Verlangende soll wissen, daß er in jeder Lage die Freiheit hat, zu welcher Christus den Seinigen verholfen hat; und der ängstlich an seinem Sclavenstand Festhaltende soll bedenken, daß der Christ auch als bürgerlich freier Mann ein Knecht Christi bleiben kann und soll. Dieser ganzen Aus=

führung liegt das Urtheil zu Grunde, daß der Sclavenstand ein an sich abnormer Zustand, und der Stand bürgerlicher Freiheit der vorzüglichere sei. Darin liegt noch kein Antrag auf Abschaffung der Sclaverei. Es ist nur bezeugt, daß eine Wahrheit, welche jedem Menschen sein natürliches Gefühl sagt, mit dem Christenglauben völlig vereinbar sei. Es ist der Trieb des Menschen, auch in dieser Hinsicht seine Lebenslage zu verbessern, nur von dem Aberglauben gereinigt, als ob die sittlichen und ewigen Lebensgüter davon abhängig wären; er ist angewiesen, sich in den Schranken zu halten, welche das jeweilige Recht des Staats und der allgemeinen Gesellschaft ihm ziehen; aber dieser Trieb selbst ist als berechtigt anerkannt. Wo aber das Gebot derjenigen Liebe gilt, welche mit Vorliebe den Niedrigen und Bedrückten sich zuneigt, da dürfen es die besser Gestellten den Zurückgesetzten nicht überlassen, sich selber zu helfen, sondern müssen, soweit ihre Macht reicht, Hand anlegen, um ihnen das „Joch" zu erleichtern und, wo es ihnen verderblich zu werden droht, von ihnen zu nehmen. Das aber hat die alte Kirche im Verhältniß zu den Sclaven ebenso treu gethan, wie im Verhältniß zu den Armen.

Es war nicht dem Wohlwollen einzelner Christen überlassen, sondern galt, soweit unsere Kunde zurückreicht, als ein pflichtmäßiges Liebeswerk der Gemeinden, Sclaven, welche sich in unleidlicher Lage befanden, und Kriegsgefangene, welche eben damit der Sclaverei anheimgefallen waren, loszukaufen[12]). Daß der Herr schon bei Lebzeiten aus freiem Antrieb einigen Sclaven die Freiheit schenkte, war bei den Heiden nichts Ungewöhnliches; den Christen galt es als ein frommes Werk, als ein gottesdienstlicher Act, der im Gemeindecultus seine Stelle fand. Wenn Constantin der Große die Sclavenemancipation vor Bischof und Gemeinde für gesetzlich vollgültig erklärte, so schuf er nichts Neues, sondern bestätigte nur eine kirchliche Praxis, welche beweist, daß die Kirche als Corporation von jeher den Trieb hatte und bethätigte, die Zahl der Sclaven zu vermindern und das Gut der persönlichen Freiheit allgemeiner zu machen. Der Kampf der Kirche gegen Theater und Amphitheater und gegen alle diejenigen Volksbelustigungen und Gewerbe, welchen das Leben und die Ehre von Sclaven geopfert wurden, wie gegen den Wucher und die Kinderaussetzungen, welche in jenen Jahrhunderten sehr ergiebige Quellen des Sclaventhums waren, mag keine in Zahlen anzugebenden glänzenden Erfolge erzielt haben. Aber den Ruhm wird kein Uebelwollen der Kirche der Märtyrer schmälern, daß sie mit unvergleichlich größerer Energie, als die staatliche Gesetzgebung oder heidnische Humanität derselben Zeit Quellen des Sclaventhums und des Sclavenelends zu verstopfen bemüht war.

Die Frage, wieviel das Christenthum in der alten Welt zur Abschaffung der Sclaverei beigetragen habe, kann freilich schon darum nicht beantwortet werden, weil die Sclaverei damals überhaupt nicht abgeschafft worden ist, sondern, soweit sie nicht in andere mildere Formen der Hörigkeit überging oder durch dieselben ersetzt wurde, allmählig ausstarb. Sehr unerheblich hat dazu die Staatsgesetzgebung beigetragen; und man entzieht der Kirche nichts, wenn man sagt, daß sie während der ersten drei Jahrhunderte weder einen Einfluß auf die staatliche Gesetzgebung geübt, noch in stillschweigendem Einverständniß mit ihr zusammengewirkt hat. Nur da, wo das „neue Gesetz" des Evangeliums gebot, innerhalb der kirchlichen Gemeinschaft, konnte das Christenthum Früchte seiner Wahrheit ernbten. Da ist aber auch wahrhaft Neues und Großes geschaffen worden. Nicht bloß die heidnischen Anschauungen von der Sclaverei sind überwunden [13]), sondern es ist auch eine christliche Lebenssitte und kirchliche Ordnung zur Anerkennung gelangt, welche den Sclaven in der christlichen Gesellschaft eine menschenwürdige Stellung gab, die nicht mehr vom Wohlwollen der einzelnen Herren abhing. Wenn der Sclave nach heidnischer Anschauung eine Sache und Waare war, so ist schon das bezeichnend und gewiß nicht zufällig, daß die christliche Literatur der drei ersten Jahrhunderte uns kein Beispiel dafür bietet, daß je ein Christ seinen Sclaven oder gar einen christlichen Sclaven an einen anderen Herrn verkauft hätte [14]). Die alten Kirchenordnungen hätten wegen der schwierigen und anstößigen Fälle, die dabei nicht ausbleiben konnten, nicht davon schweigen können, wenn es vorkam. Und wenn später Augustin es sehr bedenklich fand, einen Sclaven wie einen anderen Besitzgegenstand geschenkweise in den Besitz eines Anderen übergehn zu lassen, weil das Besitzrecht des Christen auf seinen Sclaven ein sehr anderes sei, als in Bezug auf ein Pferd oder Silber, so sprach er damit nur eine Anschauung aus, welche in den ersten Jahrhunderten der Kirche eigens auszusprechen kein Anlaß war. Die Kirche hat auch eine milde Behandlung der Sclaven nicht dem Wohlwollen der Herren oder dem schwachen Schutz der staatlichen Gesetze überlassen, sondern hat hartherzige Herren ebenso wie die offenbaren Sünder die kirchliche Zucht erfahren lassen. Nicht einmal milde Gaben soll der Bischof von Solchen annehmen, welchen nachgesagt werden kann, daß sie ihre Diener mit Schlägen, Hunger und hartem Dienst mißhandeln. Kein kirchliches Amt bis zum Episkopat hinauf war den Sclaven verschlossen. Wir mögen Mühe haben, es uns vorzustellen, daß Einer gleichzeitig Sclave eines Anderen sein und die einflußreiche Stellung eines Gemeindevorstehers einnehmen konnte.

Ein christlicher Herr wird gewiß von jeher seinem Sclaven, der durch den Wunsch der Gemeinde zu solcher Stellung erhoben wurde, in der einen oder anderen Weise die für seine Amtsführung erforderliche Freiheit gewährt haben. Aber es ist doch eine sehr bedeutsame Thatsache, daß noch gegen Ende des vierten Jahrhunderts nicht selten Sclaven in geistlichen Aemtern standen, ohne daß eine vorangehende Freilassung erwähnt würde oder auch stattgefunden hätte. Die alten Kirchenordnungen, welche z. B. für die Aufnahme des Sclaven in die Kirche ein Zeugniß der Herrschaft über seinen Lebenswandel und die Lauterkeit seiner Absicht fordern, nennen nirgendwo unter den für irgend ein kirchliches Amt erforderlichen Eigenschaften den Stand der Freiheit. Erst spät zeigt sich als eine Folge von Conflicten mit dem ungeschwächt fortbestehenden Besitzrecht der Herren die kirchliche Bestimmung, daß der Sclave nur mit Bewilligung seines Herrn und nach erfolgter Emancipation ein geistliches Amt annehmen könne[15]). Während der Sclave nach römischem Recht keine wirkliche Ehe hatte, hat die Kirche von jeher die Ehe des Sclaven für ebenso unauflöslich und unverletzlich angesehn, wie die Ehe des Senators, und in dieser wie in jeder anderen Beziehung standen Sclave und Freie unter dem gleichen Recht und der gleichen Zucht der Gemeinde und ihrer Vorsteher. Wie die Apostel, so haben auch die älteren Kirchenlehrer es niemals nöthig gefunden, bei ihren Ermahnungen zur Heilighaltung der Ehe auf die in dieser Hinsicht wesentlich verschiedene Stellung der Sclaven vor dem bürgerlichen Gesetz besonders Rücksicht zu nehmen. Als dies aber nöthig wurde, hat die Kirche den Eintritt des Sclaven in die Ehe ebenso gut eine „gesetzliche Verheirathung" genannt, wie die Eheschließung der übrigen Christen. Sie hat verlangt, daß der Herr nur in Form einer wirklichen Ehe seine Sclavin zum Weibe habe, und hat über den Herrn, der seinem Sclaven im Fall des Bedürfnisses nicht zu einer kirchlich legitimen Ehe verhilft, die Excommunication verhängt.

So war es also doch nicht eine leere Phrase, sondern eine tief in's gesellschaftliche Leben eingreifende Wahrheit, welche der größte Prediger der griechischen Kirche ein Mal über das andere aussprach: „Die Kirche kennt nicht den Unterschied von Sclaven und Herren". Und es war doch wohl etwas mehr als unwahre Rhetorik, wenn ein lateinischer Kirchenschriftsteller, welcher das Ende der Verfolgungszeiten erlebte, auf die Frage, ob denn bei den Christen kein Unterschied von Reich und Arm, von Sclaven und Freien bestehe, mit einem kühnen Nein antwortete, und wenn derselbe behauptete, daß die Christen ihre Sclaven und ihre Armen als Brüder im Geist und Mitknechte im Glauben ebensowohl ansehn und behandeln, als benennen. Das war die kirchliche Regel, welche nach der damaligen Lage der Kirche von unvergleichlich größerem Einfluß auf die Lebenssitte der Kirchengenossen war, als staatliche Gesetze jemals sein können. Freilich waren die christlichen Sclavenbesitzer nicht alle liebevoll, und die christlichen Sclaven nicht alle tugendhaft. Es ist unter den Schrecken der letzten großen Verfolgungen in Aegypten vorgekommen, daß christliche Herren ihre christlichen Sclaven genöthigt haben, einen heidnischen Opferact zu vollziehen, um selbst damit verschont zu bleiben und den gefährlichen Schein des christlichen Bekenntnisses von sich abzuwälzen. Aber wenn der Bischof von Alexandrien daraufhin in einem Hirtenbrief, welcher nachmals zu kirchenrechtlicher Geltung gelangte, den Sclaven eine einjährige, den Herren eine dreijährige Bußezeit als kirchliche Strafe zuerkannte, so war dadurch ebenso bestimmt die sittliche

Verantwortlichkeit des Sclaven gewahrt, als der frevelhafte Mißbrauch der Gewalt des Herrn verurtheilt. Auch in früheren Zeiten kamen Dinge vor, welche uns befremden. Eine Geschichte, welche am Ausgang des zweiten Jahrhunderts in der römischen Gemeinde spielte, giebt uns ein bewegtes Bild. Es ist von sehr unfreundlicher Hand gezeichnet, aber die Thatsachen sind nicht erfunden. Ein römischer Christ Karpophorus, welcher zur kaiserlichen Hofdienerschaft gehörte und jedenfalls früher selbst Sclave gewesen war, hatte seinem gleichfalls zur Gemeinde gehörigen Sclaven Kallistus ein Kapital zur Betreibung eines Bankgeschäftes überlassen. Der Name des eigentlichen Geschäftsinhabers Karpophorus, welcher nach der Sitte am Geschäftslocal seines Sclaven angeschrieben war, lockte besonders auch Christen, darunter auch ärmere Wittwen, ihre Ersparnisse dort anzulegen. Aber das Geschäft ging nicht. Nach einigen Jahren sind Einlagen und Stammcapital verschwunden. Kallistus, der daran nicht unschuldig gewesen sein kann, flieht nach Portus, der Hafenstadt Roms, und hat schon ein Schiff bestiegen, welches ihn seinem Herrn und seiner Strafe entführen soll, als er seinen Herrn haneilen sieht, um ihn zurückzuführen. Da er sich, wie der Erzähler meint, um sich das Leben zu nehmen, jedenfalls um sich irgendwie der Verhaftung zu entziehen, vom Schiff in's Wasser stürzt, wird er wider Willen aufgefangen und seinem Herrn ausgeliefert, und dieser trägt kein Bedenken, ihn zur Strafarbeit in die Tretmühle zu schicken, eine gewöhnliche, aber sehr harte Strafe für Sclaven, die Aehnliches verbrochen hatten. Nach einiger Zeit jedoch verwenden sich andere Gemeindeglieder für Kallistus bei seinem Herrn. Der Erzähler bemerkt, daß das gewöhnlich so komme. Karpophorus läßt sich um so leichter bereden, als Kallistus gesagt haben sollte, er habe noch Gelder

ausstehen, womit Karpophorus wenigstens die Forderungen
Anderer zu befriedigen hoffte. Dieß scheint jedoch eine nichtige
Vorspiegelung gewesen zu sein. Ein eigenthümliches Ehrgefühl
muß den Sclaven beseelt haben, wenn das wahr ist, was sein
erbitterter Gegner weiter berichtet. Da er sein Wort nicht
wahr machen konnte, suchte er einen Tod in Ehren, die Krone
des Märtyrers, freilich in sehr sonderbarer Weise. Eines
Sabbaths begiebt er sich in die jüdische Synagoge, stört absicht=
lich den Gottesdienst, indem er sich dabei laut als Christ be=
kennt. Die entrüsteten Juden schlagen auf ihn los und schleppen
ihn sofort vor den römischen Stadtpräfecten. Der Protest
des herbeieilenden Karpophorus, welcher seinen Sclaven re=
clamirt und ihm den christlichen Charakter abspricht, fruchtet
nichts. Kallistus wird vom Richter als Christ und Unruhe=
stifter zur Strafarbeit auf Sardinien verurtheilt. Als ein Glied
der christlichen Gemeinde scheint er nicht mehr betrachtet wor=
den zu sein; denn als der römische Bischof Victor nach einiger
Zeit durch hohe Vermittlung die Begnadigung und Entlassung
der um ihres Glaubens willen auf Sardinien als Zwangs=
arbeiter festgehaltenen Christen erwirkte, stand der Name des
Kallistus nicht auf der Liste. Aber seinen inständigen Bitten
gelang es, den mit der Ausführung beauftragten Hofbeamten
zu erweichen. Als er mit den anderen Christen glücklich nach
Rom zurückkehrte, wurde ihm zwar der Wiedereintritt in die
kirchliche Gemeinschaft nicht unmittelbar gestattet — sein ehe=
maliger Herr protestirte dagegen — aber man verstieß ihn
auch nicht. Es wurde ihm aus kirchlichen Mitteln ein Monats=
geld ausgesetzt mit der Anweisung, in Antium, einige Meilen
von Rom entfernt, in der Stille zu leben. Erst der Nach=
folger des Bischofs Victor zog ihn wieder in die Hauptstadt
und machte ihn zum Aufseher einer christlichen Begräbnißstätte,

welche noch jetzt unter dem Namen der Katakombe des Kallistus berühmt ist. Im Jahr 217 bestieg dieser schicksalsreiche Mensch den bischöflichen Stuhl von Rom. Kein erfreuliches Lebensbild, auch wenn man billig in Rechnung bringt, daß die Feder des Berichterstatters in Haß getaucht ist. Aber in den entscheidenden Momenten sehen wir überall die christliche Liebe erbarmend und fürbittend, duldend und erziehend eintreten und den Lauf des Rechts und der Weltsitte hemmen.

Das that doppelt noth, als das Christenthum zur herrschenden Religion im Reich erhoben wurde, und nun die vornehme Welt in Masse den christlichen Namen annahm, und das unverbesserlichste Heidenthum in hellen Haufen in die Kirche einzog. Da wurden die Mißstände, welche früher immer doch Ausnahme waren, wieder zur Regel, und nicht nur der thatsächliche Mißbrauch der Herrengewalt, sondern auch die heidnische Denk- und Redeweise wurde wieder herrschend in weiten Kreisen der sich christlich nennenden Gesellschaft. Man berief sich für die verwerflichste Behandlung der Sclaven auf die Gewohnheit und meinte damit diejenige Sitte, welche die älteren Kirchenlehrer nur in polemischen Schriften gegen das Heidenthum zu rügen hatten. Da wollte man nicht mehr für Unrecht gelten lassen, was die staatlichen Gesetze ungestraft geschehen ließen, während diese doch nicht von christlichen Grundsätzen ausgegangen waren und im Wesentlichen unverändert fortbestanden. Da nahm der Luxus, welchen die reiche Welt mit ihren aus allen Ländern zusammengekauften Sclaven trieb, und die Gewalt, womit man die Armen zu Sclaven oder leibeigenen Hintersassen machte, selbst den heuchlerischen Schein an, als ob Menschenliebe der Grund sei, warum man Viele, die sonst in Armuth vergehen würden, als Sclaven an dem

Wohlsein im reichen Hause Theil nehmen lasse. Aber all'
diesem Greuel gegenüber hat es der Kirche auch jener trau-
rigen Zeiten nicht an muthigen und beredten Zeugen ihrer
Wahrheit gefehlt. Man begnügte sich nicht damit, den schreien-
den Mißbräuchen gegenüber an das christliche Gewissen zu
appelliren; gerade jetzt predigte ein Chrysostomus, daß die
Sclaverei eine Schöpfung der Habsucht und der unedlen Gesinnung und eine Strafe der Sünde sei, welche Christus auf-
zuheben gekommen sei. Man erkannte die weitreichende Macht
des Verderbens, welches die Sclaverei jener Zeit über die ganze
Gesellschaft brachte. „Daher kommt alles Unheil", klagte derselbe Chrysostomus, „daß wir uns nicht um unsere Dienerschaft bekümmern, sondern die Verachtung derselben mit den
Worten begründet wird: ‚es ist ja ein Sclave, es sind ja Mägde‘,
während wir doch täglich hören, daß in Christus nicht Sclave
noch Freier ist".

Aber warum that man nichts, eine Einrichtung zu be-
seitigen, welche ihre verderbliche Macht so reichlich bewiesen
hatte, und eine neue Ordnung der Gesellschaft herbeizuführen,
wodurch die Theilung der höheren und der niederen Arbeit und
die Vertheilung des Rechts der Selbstbestimmung mit mehr
Billigkeit und heilsamerem Erfolg für das gemeine Wohl vollzogen wurde? An der Macht, möchte man denken, habe es der
Kirche seit Constantin nicht gefehlt, ihre Ideale durch die Gesetzgebung zur Geltung zu bringen, wenn man erwägt, wie
erfolgreich sie die Gewalt der Kaiser benutzt hat, um ihren
Glaubensformeln eine äußerliche Alleinherrschaft zu verschaffen.
Aber wie scharf man das verurtheilen mag, so folgt daraus
nicht, daß die Kirche auf dem Gebiet des sittlichen und gesellschaftlichen Lebens das nicht auch ernstlich erstrebt habe, was
sie nicht zu gesetzlicher Anerkennung gebracht hat. Der

Friede zwischen Staat und Kirche war ein fauler Friede. An die Stelle der wahrhaft pietätsvollen Stellung der ältesten Christen zur heidnischen Obrigkeit trat seit Constantin bei den edleren Seelen und stärkeren Charakteren eine bittere Gereizt=
heit. Während die, welche sich durch die Herrlichkeit des christ=
lichen Kaiserthums oder auch durch persönliche Erfahrung der wechselnden Hofgunst berauschen ließen, redeten, als ob das tausendjährige Reich angebrochen sei, sahen Andere bald in diesem und jenem christlichen Kaiser einen Vorläufer des Anti=
christs. Und das war nicht bloß die Schuld der Kirche. Es war für die Kaiser bequemer, im Interesse der Reichseinheit eine Bekenntnißformel, gleichviel welchen Inhalts, zum Staats=
gesetz zu machen, als das Leben des Hofs und der Gesellschaft überhaupt den sittlichen Forderungen des Christenthums anzu=
passen und demgemäß auch die Gesetzgebung umzugestalten. Auch in denjenigen Beziehungen, in welchen die Kirche eine un=
erbittliche Gegnerin der aus den heidnischen Zeiten des Reichs stammenden Einrichtungen blieb, wurde ihren Forderungen nur sehr mangelhaft und keineswegs in stetigem Fortschritt genügt. Gerade seitdem die Kaiser Christen geworden waren, empfanden die Männer der Kirche viel häufiger und peinlicher den Gegensatz der „draußen geltenden Gesetze", d. h. der Staats=
gesetze und des in der Kirche geltenden „Gesetzes Gottes". Gerade jetzt gewannen die älteren Aufzeichnungen der kirchlichen Ordnungen und Lebensregeln erst rechte Bedeutung; erst jetzt wurden sie in der griechischen Kirche zu einem gemeingiltigen Codex des Kirchenrechts erweitert. So hätte die Kirche den Ver=
such wenigstens wagen können, auf ihrem eigenen Lebensgebiet die Sclavenfrage zu lösen. Zwei Möglichkeiten scheinen wenigstens dem Gedanken offen gestanden zu haben. Man konnte die Pflicht der äußeren Arbeit und der Selbstbedienung dahin steigern,

daß kein Christ mehr eines Sclaven bedurfte. Damit hätte aber auch jeder erhebliche Unterschied des Besitzes und jede durchgreifende Unterscheidung der Berufe von der Kirche verboten werden müssen; denn jene Unterschiede mußten immer wieder denselben Gegensatz der Herren und der Diener hervorrufen, welchen das Alterthum nur in Form der Sclaverei kannte. Die ganze Kirche hätte sich in einen Mönchsorden verwandeln müssen, in welchem Keiner einen persönlichen Besitz hat, und Keiner das Vorrecht genießt, ohne der Hände Arbeit sein Brot zu essen und der Andacht oder dem Studium zu leben. In der That ist die Vereinigung von äußerer Arbeit und gleicher Unterordnung Aller unter dieselbe Ordensregel im älteren Mönchsthum ein Versuch, eine andere nach christlichen Ideen eingerichtete Gesellschaft an die Stelle der alten Gesellschaft zu setzen, in welcher die Gegensätze von Reichthum und Armuth, von Arbeit und Genuß, von Freiheit und Dienst stets unversöhnt bleiben. Aber es war doch nicht bloß eine unchristliche Weltliebe, sondern auch ein mehr oder weniger dunkles, aber starkes Gefühl von einer andern Aufgabe des Christenthums, was die Masse der Christen in der Welt festhielt. Die radicale Aufhebung der gesellschaftlichen Unterschiede verträgt sich nicht mit dem urchristlichen Gedanken, daß die mannigfaltige Begabung der Einzelnen den mannigfaltigen Aufgaben der Kirche in der Welt und an der Welt entspreche, und daß zu deren Erfüllung eine der verschiedenen Begabung der Einzelnen entsprechende Abstufung höherer und niederer Berufsthätigkeiten innerhalb der christlichen Gesellschaft erforderlich sei. Verträglich mit diesem Gedanken wäre die andere Möglichkeit gewesen, welche wir als Wirklichkeit kennen. Man konnte an die Stelle der Sclavenarbeit die Lohnarbeit freier Leute setzen; man konnte die freie Arbeit um Lohn, welche der alten Welt ja keineswegs unbekannt war, auch in's Hauswesen aufnehmen; man konnte Dienstboten anstellen, welche nach freier Wahl das Dienstverhältniß eingehn und wieder lösen können. Aber eben dieß wäre eine neue nationalökonomische Theorie gewesen, welche dem ganzen Alterthum fremd war und bis an's Ende blieb.[16]) Es besteht kein Grund, sich darüber zu wundern, daß die Kirche sie nicht erfunden hat; und darum, weil einzelne Christen und kirchliche Corporationen fortgefahren haben, von Sclaven sich bedienen und ihre Aecker bestellen zu lassen, trifft die Kirche der Vorwurf noch nicht, daß sie ihren anfänglichen Bestrebungen untreu geworden sei. Dieser Vorwurf trifft die Kirche erst von da an, wo sie die heidnischen Anschauungen von Sclaverei, Sclavenehe, Sclavenehrlosigkeit in ihre eigene Sprache und Gesetzgebung eindringen ließ, wie das der lateinischen Kirche besonders vom fünften Jahrhundert an nachgesagt werden muß. Aber damals sowenig wie jemals war es der Beruf der Kirche, neue wirthschaftliche Lehren zu erfinden und vorzutragen. Sie hatte genug daran zu thun, in einer Welt, welche der Fäulniß entgegenging, die Ehre und die Pflicht der Arbeit einzuschärfen, den Glauben an die von jeder äußeren Lebenslage unabhängige Würde des Menschen und des Gotteskindes aufrecht zu erhalten, die Liebe zu predigen, welche die Härten der socialen Gegensätze nach Kräften mildert, und dieß Alles innerhalb ihres eigenen Gemeinlebens zur praktischen Geltung zu bringen. Dieß ist der Kirche am schönsten gelungen, so lange sie die geächtete und verfolgte war. Aber rührend wenigstens ist es zu sehen, wie auch dann noch, als die Kirche zu äußerer Macht gelangte und zugleich an innerer Herrschaft über ihre Glieder schwere Einbuße erlitt, das Ideal christlichen Wandels innerhalb der vorhandenen gesellschaftlichen Formen in nicht wenigen Herzen unverkürzt und unentstellt fortlebte und mit einer aus dem Herzen strömenden Beredsamkeit der entarteten christlichen Gesellschaft vor Augen gestellt wurde.

Anmerkungen.

¹) Außer der Darstellung in der Politik (I, 2—6 ed. Bekker p. 1252—55; c. 13 p. 1259; III, 5 p. 1278; VII, 9 p. 1328) sind besonders lehrreich die Sätze in Eth. Nicom. VIII, 13 p. 1161: „Freundschaft besteht nicht im Verhältniß zu den leblosen Dingen, ist auch nicht gerecht; aber auch nicht zu Pferd oder Ochs oder zum Sclaven, sofern er Sclave ist. Denn es besteht keine Gemeinsamkeit; denn der Sclave ist ein beseeltes Werkzeug, das Werkzeug aber ein lebloser Sclave. Sofern Einer also ein Sclave ist, besteht keine Freundschaft mit ihm, wohl aber, sofern er Mensch ist". Als ob man eines Philosophen Freund sein möchte, sofern er Philosoph ist, und nicht vielmehr, sofern er Mensch und zwar dieser liebenswürdige, die logische Consequenz nicht selten opfernde Mensch ist.

²) Ist es richtig, die lex Petronia, welche selbst noch der republikanischen Zeit angehört (Marquardt, Röm. Staatsverwaltung I, 494 Anm. 3), oder „die dazu gehörigen Senatsbeschlüsse" (Digest. XLVIII. 8, 11 § 2) mit Tacit. ann. VI, 11 in Verbindung zu bringen (Marquardt, Privatalterth. I, 197 Anm. 1221), so schwindet vollends jeder Schein, als ob der von Seneca (de benef. III, 22) bezeugte Rechtszustand eine erst der neronischen Zeit angehörige Neuerung wäre, wie noch Wallon, hist. de l'esclav. III, 60 sq. es darstellt.

³) Ueber das Verhältniß Seneca's zum Christenthum kenne ich nichts Besseres als die Abhandlung von J. B. Lightfoot, (St. Paul's epistle to the Philippians 3. ed. p. 268—331). Ob schon vor Seneca in der stoischen Schule ähnlich über die Sclaverei geredet worden ist, erscheint sehr fraglich. Die seit Sokrates (Xenoph. memor. IV, 5) nicht ausgestorbene Lehre von der moralischen Sclaverei und Freiheit; das Urtheil über die dreierlei Sclaverei (Diog. L. VII, 122), der von Seneca (de benef. III, 22 cf. Cic. de off. I, 13, 41) angeführte Spruch des

Chrysipp: „Der Sclave ist ein lebenslänglicher Tagelöhner", das alles verbürgt nichts. Die frivole Casuistik des Stoikers Hecato (Cic. de off. III, 23, 89; Sen. de benef. III, 18 cf. II, 21) deutet auf's Gegentheil. Wenn Philo's Schrift „daß jeder Rechtschaffene frei ist", deren Echtheit durch Bedenken moderner Juden (Grätz, Gesch. der Juden III, 680, 3. Aufl.) schwerlich wird erschüttert werden, vom Titel bis zum Schlußsatz in stoischen Formen sich bewegt, so ist doch die praktische Tendenz, die warme Seele des Ganzen ganz und gar jüdisch und alttestamentlich. Vgl. auch de septen. § 7 seq. § 16; de spec. leg. § 7. Ein Satz de sept. § 9 erinnert fast wörtlich an den vorhin angeführten Ausspruch des Chrysipp, stammt aber in der That aus 3. Mos. 25, 40 f. Gerade in solchem Zusammenhang behauptet Philo, daß Zeno aus dem mosaischen Gesetz geschöpft habe (quod omn. probus liber § 8).

⁴) Die Bemerkungen von F. Overbeck (Studien zur Gesch. der alten Kirche I. 225 f.) haben die obige Ausführung einer bekannten Gedankenreihe nicht verhindern können. Nicht nur die „Apologeten", sondern jeder zukünftige Geschichtschreiber der Sclaverei im Alterthum wird wie H. Wallon in seiner noch immer ausgezeichneten Histoire de l'esclavage dans l'antiquité auf Schritt und Tritt den Zusammenhang zwischen der Entwicklung der Sclaverei und der Schätzung der Arbeit nachzuweisen haben, wie bei Griechen und Juden, Aristoteles und Philo, so bei den Christen. Das „Selbstarbeiten" und „Sichselbstbedienen" haben die Kirchenlehrer von jeher dem Sclavenluxus gegenüber als das Menschenwürdige gepredigt, und insbesondere auch das Beispiel des Paulus ist nicht vergessen worden. (Clem. Al. pæd. III, 26 p. 268, Potter cf. § 63 p. 292; I, 98 p. 157; Cypr. ep. 14, 2; Chrysost. ed. Montfaucon, III, 178 sq. IV, 289. X, 384 sq.). Es ist hier nicht der Ort zu zeigen, daß Overbeck in dem berechtigten Gegensatz zu einer noch sehr verbreiteten Vorstellung von der Aufhebung der Sclaverei durch das Christenthum selbst doch wieder ein schiefes Bild giebt. Abgesehn von den sehr zahlreichen Mißdeutungen des Einzelnen vermißt man überall die rechte Würdigung der Thatsache, daß die Kirche oder richtiger die Einzelgemeinde der vorconstantinischen Zeit eine Societät von starker Organisation mit eigener Gerichtsbarkeit und im Besitz von Mitteln der Disciplin war, mit deren Macht über die Gemüther die Gesetze keines Staates sich messen können.

⁵) Vgl. R. v. Jhering, Geist des römischen Rechts II, 172 f. 3. Aufl.

⁶) Orig. c. Celsum VI, 2.

⁷) 1. Tim. 6, 2. Vgl. im Uebrigen Kol. 3, 22—4, 1; Ephes. 6, 5—9; Tit. 2, 9 f. 1. Tim. 6, 1; 1. Petr. 2, 18—25.

⁸) Ignat. ad Polyc. 4, 3 (cf. ad Rom. 4, 3). Overbeck, S. 184 wird dieser Stelle nicht gerecht, wenn er, statt die Thatsache zu betonen, daß Sclaven in der katholischen Kirche solche Forderung stellten, an die Schrift des Häretikers Epiphanes über die Gerechtigkeit erinnert, (S. 183), aus deren Fragmenten man gar nicht sieht, wie die Lehre von der ursprünglichen Gleichheit der Menschen gerade auch für die Sclavenfrage praktisch gemacht werden soll (Clem. strom. III, § 6 sqq.).

⁹) So zuerst Justin der Märtyrer (dial. 134): Auch zum Besten der Sclaven in Kirche und Synagoge ist Christus bis zur Stunde ein Sclave. „Denn nachdem Noah zweien seiner Söhne das Geschlecht des dritten in Sclaverei gegeben hatte, ist jetzt Christus zur Wiederherstellung Beider, sowohl derer, welche Kinder von Freien sind, als der Sclaven unter ihnen erschienen, indem er alle die, welche seine Gebote halten, gleicher Güter würdigt, wie auch dem Jakob die von seinen freien Frauen und die von seinen Sclavinnen geborenen Kinder alle als Söhne und gleicher Ehre theilhaftig galten". Während hier wenigstens hauptsächlich die Aufhebung der Bedeutung der Sclaverei für das religiöse Leben betont wird, geht Chrysostomus weiter, indem er bei gleicher Zurückführung der Sclaverei auf Ham (tom. IV, 289. 660; X, 384; XI, 177) aus der principiellen Aufhebung dieser Sündenstrafe durch Christus die Forderung herleitet, sich so wenig als möglich von Sclaven bedienen zu lassen, oder wenn er behauptet, daß auf dem christlichen Lebensgebiet die Sclaverei wie der Tod nicht einmal mehr den bloßen Namen, geschweige denn die thatsächliche Bedeutung behalte. Aehnliche praktische Folgerungen und Forderungen finden sich bei Gregor von Nazianz (or. 16 ed. Colon. 1690 p. 255 sq.). Wenn Chrysostomus mit der Sclaverei die in Folge der Sünde eingetretene Knechtung des Weibes unter den Mann (IV, 290. 659) und als dritte Form der Sclaverei den durch Nimrod begründeten Despotismus (IV, 292 cf. p. 661) zusammenstellt, so leuchtet vor Allem ein, wie wenig er die Sclaverei mit der vor der Sünde gestifteten Ehe auf gleiche Linie stellt, aber auch nicht mit dem Staat schlechtweg, sondern nur mit dem wirklichen Staat, der absoluten Monarchie.

¹⁰) So hat schon die alte Kirche 1. Kor. 7, 39 verstanden. Nach der Andeutung bei Ignatius (ad Pol. V, 2) haben wir die ausführliche Anwendung bei Tertull. ad uxor. II, 1 sqq.

¹¹) Diejenige Auslegung von 1. Kor. 7, 21, welche wahrscheinlich zuerst Chrysostomus (tom. X, 164; IV, 666; XI, 774) der richtigen, die er auch kennt, gegenübergestellt hat, hat nicht nur den Ausdruck, sondern

vor Allem den Zusammenhang gegen sich. Vgl. der Hauptsache nach Hof=
mann, N. T. II, 2 (2. Aufl.), 149 ff.

¹²) Vgl. m. W. über Ignatius von Antiochien S. 333 und Harnack
zu Herm. mand. VIII, 10; sim. I, 8. Der Abschnitt in d'Allard, les
esclaves chrétiens (2. édit.) p. 321—352 gehört zu den besseren dieses
freilich sehr mangelhaften Werks.

¹³) Dahin kann man es nicht rechnen, wenn auch Kirchenlehrer die
demoralisirende Wirkung der Sclaverei anerkennen und gelegentlich be=
zeugen, daß die Sclaven meist nicht viel taugen. Unverständlich ist es,
wie Overbeck S. 186 bei Tertullian (apolog. 27. ad uxor. II, 8) antike
Anschauungen von der Sclaverei finden will. Selbst dem späten Salvian
geschieht bitteres Unrecht, wenn man ihm ohne Commentar nachsagt, daß
er selbst die eheliche Verbindung mit Sclavinnen für eine sonderliche Un=
würdigkeit erkläre (Overbeck S. 204 f.). Es handelt sich ja um scham=
lose Vielweiberei (de gubern. IV, 5. Migne 53, 76; cf. c. 6 col. 77;
VII, 3 sq. col. 132 sq.), deren Verurtheilung dadurch allerdings sehr
wirksam verstärkt wird, daß die gallischen Magnaten sich nicht scheuen,
diese Verhältnisse als Ehen zu bezeichnen, und daß die rechtmäßigen Gat=
tinnen und Hausherrinnen dadurch unter ihre Mägde erniedrigt werden.

¹⁴) Es mag sein, daß Paulus 1. Tim. 1, 10 unter dem „Menschen=
dieb", welchen er unter die ärgsten Verbrecher rechnet, nicht den einfachen
Sclavenhändler, sondern, wie die Vulgata übersetzt, den auch von den
Staatsgesetzen verfolgten plagiarius versteht; und mit Recht erinnert
Overbeck S. 182, daß der Ausdruck „Seelen der Menschen" Off. Joh.
18, 13, welcher uns wie eine Verurtheilung des Sclavenhandels klingt,
wegen seiner Herkunft aus Hesek. 27, 13 das nicht besagt.

¹⁵) Canon. apost. 81 (al. 82). Welche Stelle d'Allard (p. 238 n. 2)
bei seinem falschen Citat const. ap. VIII, 73 im Sinne gehabt hat, finde
ich nicht. — Hippolytus macht bei aller Bitterkeit seines Berichts über
die Laufbahn des Kallistus diesem daraus keinen Vorwurf, daß er Sclave
war, ehe er Bischof wurde; und doch hatte dieser nicht anders aufgehört,
Sclave zu sein, als durch die Verurtheilung zur Strafarbeit auf Sardi=
nien und nachfolgende kaiserliche Begnadigung. Für das 4. Jahrhundert
beweisen Cyrill. catech. XVII, 35; Hieron. ep. 82, 6 (Vallarsi I, 516
Quartausg.) und der in Gregor. Naz. ep. 28 (ed. Col. p. 800 sq.) be=
sprochene, im Basil. ep. 115 (ed. Paris. 1730, III, 207 sq.) vorausgesetzte
Fall. Wenn die Synode von Elvira (can. 80) verfügt, daß Freigelassene,
deren ehemalige Herren und nunmehrige Patrone im Heidenthum ver=
harren, nicht Diakonen werden können, so liegt darin, daß damals gleiche
Abhängigkeit von einem christlichen Patron kein Hinderniß des Eintritts

in's geistliche Amt war. Die Aenderung der Anschauung zeigt der 73. Kanon der Synode von Toledo von 633.

¹⁶) Auch in Israel scheint der Lohnarbeiter (2. Mos. 12, 44; 22, 14; 3. M. 22, 10; 25, 6. 40; Matth. 20, 1 ff. Jakob. 5, 4) nie Haus- und Tischgenosse des Herrn gewesen zu sein. Nur unter dieser Voraussetzung begreift sich die Motivirung der täglichen Auszahlung des Lohnes 5. Mos. 24, 14 f. vgl. 3. Mos. 19, 13. Andrerseits sind die Domestiken stets Sclaven (Matth. 24, 45 ff. Luc. 16, 13; 17, 7 ff. Apostelg. 10, 7; 1. Petr. 2, 18). In der griechisch-römischen Welt sind die Lehrer der Philosophie, Grammatik u. dergl., welche sich an vornehme Häuser vermietheten (Lucian, de merc. conduct. 4) Ausnahmen, welche die Regel bestätigen.